# 하얀 두절

박희정 시조집

지우북스

## | 시인의 말 |

    당신을 향한 프리즘은 착하거나 부드럽거나 손 내밀기를 희망한다.

    그렇듯,
    나를 위한 소리는 굴절과 곡절을 겪으며 가지런히 또는 소용돌이친다.

2020년 가을
박희정

| 차례 |

시인의 말 • 3

**1부** 뉘를 골라내듯 앙금을 풀어놓듯

바늘 • 11
그리운 후생後生 • 12
미세포가 욱신대다 • 13
금일봉 • 14
벚꽃천사 • 15
복날 • 16
반려동물과 산다 • 17
신사역 근처 • 18
이데올로기 좌표 • 19
붉은 행렬 • 20
높이 • 21
하얀 두절 • 22
부질없는, • 23
소리, 끓다 • 24
특별 • 25

## 2부  거침없는 열정 같은

전신마사지 • 29
붉은 결기 • 30
주말부부 • 31
춤추는 포물선 • 32
생전장례식 • 33
어떤 이별 • 34
무지개다리 • 35
찬란한 절벽 • 36
동촌해맞이다리 • 37
소낙비 • 38
공항 가는 길 • 39
1인자처럼 • 40
대학로는 뜨겁다 • 41
하얀 자서전 • 42
커피 볶는 시간 • 43

**3부** 율律들이 눈부시다

복숭아에게 • 47
생이별 • 48
벚꽃학교 • 49
리듬 산책길 • 50
꽃댕강나무 • 51
사랑 근처 • 52
넝쿨장미 • 53
서리서리 읽다 • 54
가을볕을 칠하다 • 55
가을엔 • 56
가을 감각 • 57
당신을 쓰고 싶다 • 58
기차, 기울기 • 59
애니멀 호더 • 60
분재에게 • 61

**4부** 모서리가 둥글 때까지

좌담 • 65
주유중이다 • 66
묵이 되라 • 67
신경망, 잃다 • 68
나사못 • 69
신호등 • 70
늦은 면접 • 71
꿈꿔라 • 72
시험감독 • 73
알레르기 • 74
돌미역 한 다발 • 75
매미 • 76
훌라후프 • 77
빚과 빛 • 078
선풍기 혹은 헤어드라이기 • 79

**5부** 시는 즐겁고 삶은 낙낙했다

가을 인연 • 83
아귀찜 • 84
벼락 • 85
황금적금 • 86
무죄 • 87
택배요 • 88
쑥떡쑥떡 • 89
무한리필 • 90
카드세상 • 91
둔갑 • 92
패션 청춘 • 93
뭐라 저장해? • 94
질문해도 됩니까? • 95
느린 안부, 더딘 사랑 • 96
말해줄래 • 97

- 해설 - 허기질지언정 퇴락하지 않는/ 이병국 • 98

# 1부

뉘를 골라내듯
앙금을 풀어놓듯

# 바늘

당신과 또 다른 당신을 꽁꽁 기워가는

세상의 허튼소리 감침질로 꿰매가는

첫 단추 여며줄 실오리, 팽팽한 긴장감 같은

# 그리운 후생後生

생은 애초부터 호락호락하지 않았다

법이 존재하는 동안 밥이 달지 않았고

고두밥 계속될수록 법의 꼬리에 밟혔다

애써 위풍당당하기란 근간根幹이 더 위태했다

뉘를 골라내듯 앙금을 풀어놓듯

첫국밥 그리운 후생後生, 허기진 몫이었다

# 미세포가 욱신대다

시거나 밋밋하거든 훅 뱉어 볼 일이다
삶이 시답잖고 입맛마저 잃을 때
짧은 혀 곳곳에 닿아 오랜 느낌 핥아라

세상의 레시피는 금기사항일 때 톡 쏘듯
멀어지고 돌아서고 외면하는 잔상들
나머지 질겅질겅 씹으며 쓴맛을 보리라

떠도는 가십거리 달달 볶고 푹 삶을수록
몸 속 어디쯤에서 우련하게 스며나는
당신의 입맛 너머엔 미세포가 욱신댄다

# 금일봉

정해놓은 건수 앞에 최대한 예의를 갖춘
환한 웃음 너머 흐린 단서 될 수 있는
고삐를 슬쩍 건네며
서로를 엮기도 하는

함부로 뜯지 말 것, 액수도 묻지 말 것
받은 만큼 받는 부담, 준만큼 안도의 힘
탁자에 올려진 저것!
알파와 오메가다

# 벚꽃천사

유효기간, 사용기간 까마득히 지워졌던

무덤까지 못 가져가는 날벼락의 비밀들

드디어 터지고 말았다, 행간이 뒤범벅이다

외면과 무관심 속에 끈벌레처럼 나타나는

삐걱대던 철제빔도, 출렁대던 사다리도

와르르 무너지고야 손 놓았다, 아뿔싸 저런,

언제부터 속마음 그리 꽁꽁 싸맸니?

이제라도 응어리를 너풀너풀 풀었니?

미투요, 시민청마다 활짝 웃는 벚꽃천사

# 복날

언감생심 헛물켜지 말자, 기구하고 못난 팔자

삼복三伏을 지나는 동안 무참히 초주검 당할

복날에 복 없는 것이
어디 개뿐인지…

# 반려동물과 산다


개만도 못하단 말, 예사로이 하지마라
반려동물을 가족처럼 끌어안는 오늘에
동물과 구분 지을 잣대, 희미해져 가는 것을

주인 덕분에 금수저 애완견 되거나
부모 탓하며 흙수저 자식이라는
애당초 가당찮은 속내, 따지지도 말 것을

사람과 교감하며 곁불처럼 지켜주는
고령화와 미혼 가족 그 쓸쓸함과 부대끼며
반려返戾될 먼 그날까지 눈치코치 다 읽을

# 신사역 근처

성형외과 그쯤으로 모여드는 사람들

빼곡한 간판 향해 주사위 훅 던진다

낯설고 뜬금없는 시술, 제 몸에 앉히는 날

예리한 메스 아래 나를 맡겨 나를 얻기란

개성도 주술도 아닌 광고지면 한 컷 같은

섣불리 눈금 읽지 마라, 오차범위 밖이다

# 이데올로기 좌표

서른 해 꼬박 넘기며 당신들 지켰어요

누구는 떠나가고 또 누구는 이사 와서

가로수 언저리 오가며 마음을 달랬겠죠

굴착기, 포클레인 불러 나무들 파재끼며

싸늘하게 달려드는 당신들이 무서워요

재개발, 그 낯섦으로 잃어버린 존재감

흙길은 밀어내고 화단은 지워버리고

당신들은 늙어가고 아파트는 솟아오르고

한남동 이데올로기 좌표에 나무들 졸했어요

# 붉은 행렬

품생품사 그런 따위 집어치운 지 오래다
배고프면 편의점에서 일용할 양식 사들고
더우면 냉커피 한잔
후련히 들이켰다

소비의 아이콘이 된 많고 많은 편의점들
장마와 가뭄의 벽 다 안지 못한 채
애꿎은 확성기소리만
이어졌다 끊어질 뿐,

광화문 질펀하게 죽네사네 외치는
점주들 붉은 행렬, 최저임금 밑돌고
엉너리 중구난방 속에
폐업절규 속절없다

# 높이

천사의 높이였다
한계의 턱이었다

에둘러 말하지 않아도 내 삶은 늘 고비였다

쉽사리 지워지지 않는 그늘의 늪이기도 한,

언제쯤 그 높이를
뛰어넘을 수 있을지

지천명 고갯길은 갈수록 강파르다

한 발작, 하산의 길이 외려 가까운 날

# 하얀 두절

한강이 얼었다, 그 위로 눈이 내렸다

며칠 째 오도가도 못 하는 아득한 두절 위로

저마다 화석이 된다, 근황을 알 수 없다

물길을 놓쳐버린, 무수한 은유들이

가양대교 아래에 고드름처럼 매달려

번외의 특보를 쓴다, 처절한 비보 같다

# 부질없는,


형무소 바라보며 나의 이력 들춥니다

몸이 갇힌 것과 정신이 푼푼한 일

쏠리듯 잡은 것들이 부질없는 날입니다

당신을 홀쳐매는 빼곡한 숫자에는

서분한 발자취가 꾸덕꾸덕 말라가고

세상은 어제와 오늘 속에 낭설이 넘칩니다

격렬했던 언저리를 시나브로 들추면서

불통은 감옥이고 관습이 구속이었던

종횡의 이력과 경력, 폭설에 묻습니다

# 소리, 끓다

삼계탕 먹는 내내 어둔 말이 들끓었다

그 말이 목에 걸리고 두 귀에 맴돌 때

닭장은 텅텅 비어가고 국물은 뻑뻑했다

살과 뼈가 적나라하게 분리되는 시점부터

누군가 우적거리며 깡그리 씹는 동안

암탉의 마지막 흔적, 뼈다귀로 남았다

저들끼리 싸우거나 수탉에게 물리거나

비등점 그 아래서 응고된 비련의 넋

사람들 몸에 깃들어 환청처럼 울고 있을,

# 특별

특별대우, 특별상품, 특별기획, 특별제작
특별한 축에 들고 싶어 안달하는 사람들
제 나름 기대가치는 고공행진 중이다

남은 재산 다 모아도 집 한 칸 장만 못해
특별함에 목을 매는 매도자와 매수자 사이
진실을 왜곡하는 계약 덜컥 꼬리 밟히며

한껏 올라간 수위, 그 중심이 불안했다
반짝 들끓었던 현수막만 펄럭이고
마침내 **특·별·분·양** 도 기대 반 한숨 반이다

## 2부

거침없는 열정 같은

# 전신마사지

오도카니 누운 몸, 온기를 다 잃었다

나를 닦는 만큼 또 나를 놓치는 일

그다지 달갑지 않았다, 개운하지 못했다

맘대로 다루다가 탈이 나서야 드러눕는

끝내는 후회하고 조금은 위로하며

빈 마음 둥글게 말아 자근자근 만졌다

자신에게 야속하고 상대에게 미안했을

팍팍한 일상 속에 켜켜이 이는 각질들,

다저녁 무딘 감각으로 처절하게 매만졌다

# 붉은 결기

변산에서 보았다, 격렬했던 청춘 무렵

그대, 읽지 못한 날이 거북등처럼 거칠어져

격포항 언저리마다 골이 패이고 물이 고이고

그 흔적 짚어 읽다 고꾸라지고 싶었다

바래고 찢긴 기억 조개무지로 쌓아놓고

스스로 닿고 싶은 곳, 노을 닮아 은은한 곳

거룩한 고서처럼, 잘 부푼 식빵처럼

절벽을 타고 내리는 유장한 빗물처럼

내 생애 붉은 결기여, 또 다시 청춘이여

# 주말부부

이따금씩 들썩대던 그리움이 엷어졌다

습관처럼 주고받는 휴대폰 안부 속엔

할 말은 단문이 되고 수식어도 사라졌다

가족을 품에 안고 혈연으로 살아가는

쉰 지난 부부 뒤로 짧아지는 저 그림자

켜켜이 살아온 날들, 맞은바라기 기억 같은,

# 춤추는 포물선


"두 명 낳으면 행복, 세 명 낳으면 희망"
보건복지부 슬로건에 끄덕이고 활짝 웃던

삼남매 앞장세우며
으쓱하던 때 있었지

급여와 실업급여 번갈아 타는 가장家長
말보다는 한숨이, 웃음보다 침묵으로

짊어진 무게만큼씩
등짝을 밀어내는

세상살이는 당초부터 밑그림이 없었나
잇속에 밝지 못해 자식 앞날 트지 못한,

다가올 생의 포물선
휘청, 어긋난다

# 생전장례식

그래요, 머지않아 입과 귀를 잃겠지요
단내 깊어지면 자꾸만 두려워져
아무도 손잡지 못하고 눈물콧물 범벅이겠지요

정신 줄 놓기 전에 보송하게 다녀가요
추억이듯 우정이듯 어깨 곁던 순간들
청춘의 변곡점 근처를 가지런히 닦아요

한평생 빌려 쓴 시간 리본매듭 지어놓고
해후의 눈빛 약속은 종이비행기 날리고
담담히 애창곡 부르며 이별해요, 우리

# 어떤 이별

태연한 병원사람들과 불안한 가족 사이
링거액 응시하는 눈빛과 미미한 숨소리뿐
의사는 불가항력이라며 조심스레 전한다

청춘은 이랑에 묻고 마음은 자식 향하며
돋보기로 읽는 세상, 틀니로 씹는 세상
생명선, 그 너머까지 오물오물 하는 저녁

저혈당과 약봉지 그 후에 오는 공복까지
어떤 이별을 서분서분 쓸어안고 추스르기엔
저렇듯 그렁그렁한 내 엄마를 지울 수 없다

# 무지개다리

-류상덕 스승님께

현실이 아니기를, 이 자리가 아니기를

거푸거푸 빌었습니다, 중얼중얼 되뇌었습니다

아무런 말씀도 없이, 마지막 악수도 없이

홀로 가신 그 길이 구불구불 꽃길이던가요

휘영청 달빛 안은 구만리 물길이던가요

휘돌아 오실 수만 있다면, 아 그럴 수만 있다면…

지상에서 천상으로 무지개다리 놓습니다

바람의 순한 결 따라 저녁노을 붉어지면

초연히 내재율 안고 약속한 듯 만나겠지요

# 찬란한 절벽


이별 앞두고 순간,
마지막을 상상하듯

상처난 몸과 마음, 이리저리 휘둘리다

수직의 낙차 앞에 선다, 찬란한 절벽이다

맘 떠난 누군가를
바위솔로 앉혀두고

미물처럼 살아가는 것, 더불어 지켜내는 일

혼돈의 거친 폭포는 기적의 소沼를 만들까

## 동촌해맞이다리*

너 떠나고 금호강 바라 오랜 몸살 앓았다

구름다리 등지고 위풍당당한 해맞이다리

과거는 추억이 되고 오늘은 환상이 되는,

들썽댄 동촌유원지에 낯볕이 총총 영근다

두 뼘 그리움이 부목浮木처럼 어른대다

찬란히 내 곁에 와서 등대가 되는 다리

---

\* 동촌해맞이다리 : 대구광역시 동촌유원지에 위치한 이 다리는 금호강 서쪽과 동쪽을 연결하는 보도교로 보행자와 자전거 전용다리.

# 소낙비

너를 향한 절규였어
수직으로 쏟아지는

가슴 속 묻어둔 말
일순, 내지르고 싶던

한여름 폭염과 폭우 사이
거침없는 열정 같은,

# 공항 가는 길

비행飛行은 나를 풀어 나를 다시 엮는

거울을 보거나 민낯을 만지거나

기다림, 두 발을 모아 사뿐히 읽는 중이다

설렘이란 속으로만 삼키는 줄 알았다

캐리어를 끌듯이 예약수속 밟듯이

무던히 바라던 당신을 메모하며 매만지며

놓고 가는 것들과 꿍쳐 챙긴 것들

압축된 파일처럼 청사진 오려 담아

첫 비행, 공항 가는 길 콧노래 흥얼댄다

# 1인자처럼

벚꽃이 만발인데 봄비가 오락가락해요
먹구름이 심술부려도 그녀는 강의해요
당당히, 1인자처럼 써보라 쓰라 하네요

그게 당신 말처럼 참말로 가능할까요?
날마다 쓰다 지우다 백치가 되었어요
SNS 깨알같은 댓글에 또 웃고 울었어요

갈가리 흩어놓는 미세먼지 잔류물 같은
주섬주섬 짜깁기 하듯 이었다 풀었다하며
들끓는 언어뭉텅이, 어디로 보낼까요?

# 대학로는 뜨겁다


이력의 한 줄을 갈겨쓰는 중이다

대상을 끌어안고 꺼이꺼이 풀어놓거나

깡마른 감정조각을 가차 없이 찢어놓거나

반전의 절정을 향해 까발리는 몸짓들이

혜화역 광장에서는 시와 노래가 된다

서정의 붉은 언어로, 서사의 푸른 소리로

추상어와 구체어가 더불어 살아가는

익숙함과 낯섦의 바로미터 그 너머

이 시대 옹근 실루엣, 올올이 푸는 중이다

# 하얀 자서전

바람 불면 흩어질라 비 내리면 녹아버릴라
아침 햇살 공글러 대를 잇는 여문 작업들
부자父子가 밀고 당기는 고무래,
결결이 이력입니다

언제나 어디서나 피는 것이 아니었던
누구나 볼 수 있는 게 더욱 아니었던
창백한 실루엣 사이
염부의 꽃, 초롱합니다

바짝 말라 길 잃거나 물길 넘쳐 소금 잃거나
다각형 결정체 모아 자서전 쓰는 동안
천일염 눈부신 역사
행간이 짭짤합니다

# 커피 볶는 시간

마음 속 스미는 향기처럼
가슴 속 갈앉은 여유처럼

다글다글 볶을수록 사랑은 부풀어져

당신을 멈추게 한다,
당신을 춤추게 한다

# 3부

## 율律들이 눈부시다

# 복숭아에게

말랑말랑 껍질 벗길 땐 미안하고 떨렸다

나긋나긋 너를 먹을 땐
온몸이 달콤했다

살갑게 나를 찾아준 그대가 물씬 묻어났다

# 생이별

청도군 매전면은 대추나무 천지다

봄이면 가차 없이 잘려나가는 애먼 가지

요행을 바라지 않는다, 선택이 운명이듯

목이 칼칼한 좌불안석 근로자처럼

이 시대 냉정한 손길에 짧은 혀 내두를 뿐

생이별 봄을 맞는다, 그 봄이 가각하다

# 벚꽃학교

폐교가 된 지 오래건만 학교를 지키고 서서

아슴푸레한 기억을 따라 중간고사 쳤나보다

정답을 맞히었다는 듯 싱글벙글한 벚나무

들풀과 주고받은 흔적, 풀밭 공책에 써놓으며

아이들 눈빛처럼, 쇠똥구리 생각처럼

그 봄날 빛났던 소풍을 서술형으로 풀었다

이따금씩 드나드는 다람쥐와 구렁이는

운동장 가장자리에 마음도장 꾹 찍으며

벚꽃잎 푼푼한 그늘에 쪽지편지 숨겼다

# 리듬 산책길

한강변 지심地心을 밟고 사심私心을 내려놓을 때

사람보다 먼저 다가와 인기척을 알리는

당신의 더딘 보법이 먼지잼 아래 가물댄다

엉성한 마음언저리 쓸었다가 흩어놓는

휴대폰, 스피커에서 거칠게 들려오는

저물녘 성산대교 아래, 율律들이 눈부시다

# 꽃댕강나무

너볏한 생각으로, 해맑은 마음으로

너를 쓰고 읽는 일, 만지고 보듬는 일

남몰래 이름 새기며 첫 마음처럼 설렌다

가지는 꽃들 안고, 꽃들은 가지 향해

무슨 궁리하려고 꽃받침까지 불러놓고

향기로 오밀조밀 엮어 순애보 쓰는 걸까

'댕강' 꺾는다고 붙여진 이름이며

탁한 공기 맑게 해주는 순정한 너를 만나

속엣말 옹골차게 적으며 청춘이라 쓰도 될까

# 사랑 근처

이팝나무 그늘 아래 강아지 암수 한 쌍

서로의 목덜미를 오래도록 핥으며

푸지게 애교부리는 유월 한때 보라

세상 눈치 볼 것 없이 제 사랑 드러내는

그 모습 하도 겨워 이팝꽃이 싱긋 웃자

넉살은 뒤로 감추고 딴청 피는 저 수컷!

# 넝쿨장미

오월의 술렁임 속에 꽃대가 불끈한다

열정 페이 뿌리치고 갑질 논란 까발리자

콜라주, 조각무늬가 붉디붉게 번져간다

# 서리서리 읽다

천연덕스런 그리움, 크렁크렁 끌안는 날
어쩌자고 너를 향한 꿈
망연히 꾸고 있는지
접질린 발목 근처가 더없이 시큰하다

무형의 슬픔들이 태풍처럼 쓸려가자
기꺼이 품에 들앉는
드난살이 푸성귀 같은
환상은 쌍무지개 붙들고 들썽들썽 넘나든다

추억을 풀고 되감기, 참 버거운 시간이다
중심과 주변머리
서리서리 얽어매듯
돌팔매 하염없이 던지며 울먹한 나를 푼다

# 가을볕을 칠하다

무던한 광주리에 성글게 가을볕 쓰는

식탁의자 페인트칠하며 시월을 새기고 있는

쪽 마당 흩어진 질감, 결 따라 칠하는 부부

연고 없이 사는 남편, 농사일 모르는 아내

통실한 감 말리듯 나잇살 널어놓고

손이 선 가을걷이 하며 황금시간 쟁여둔다

잘 여문 들깨 꼬투리 사방에 톡톡 튀고

숨 고르듯 덧칠하고 말리기를 연신 한다

민무늬 하얀 의자 보며 정물처럼 웃는 부부

## 가을엔

너를 보지 않고 음성만 만져볼래

너를 맡지 않고 느낌만 들어볼래

에둘러 우리 시공간
돌돌 꿰어볼래

# 가을 감각

병이 도졌나보다, 느껍게 맞는 가을에

내 몸을 넘나드는 감각의 가지에는

곧지도 굽지도 못한 잔챙이 가지뿐이다

볼 게 많은 세상 앞에 두 눈은 시큰하다

켜켜이 내려앉는 그늘의 실루엣처럼

시신경 바투 세우고 골몰하는 내가 있다

# 당신을 쓰고 싶다

언젠가는 원대리 자작나무숲에 오로지 갇혀

자작자작 흔들렸던 내 심지 뾰족이 깎아

진종일 당신을 쓰고 싶다, 거침없이 그리고 싶다

청청한 나무들이 어깨 걸고 솟는 이유와

묵묵히 겨울을 견뎌 하얗게 터진 껍질 읽고

내 몸에 실핏줄처럼 파고든 오랜 기억과 눈 맞추며

나무보다 더 흔들리며 오매불망 해바라기하다

돋을새김 자화상 같은 증표 하나 품어 안고

원시림, 꼿꼿한 결 따라 휘갈기며 쓰고 싶다

# 기차, 기울기

마음의 기울기는 수평이 되지 못했다

차창으로 쏠리다가 통로 쪽 기웃대다

눈감고 가늠하는 거리, 아직 어둠 속이다

간이역, 그 어디쯤에 두고 온 사랑 같은

생쪽매듭 추억과 무지갯빛 서설瑞雪 같은

덜커덩 네게로 닿는 오랜 속도여, 무게여

# 애니멀 호더*


아침마다 도심 근처 공원에 나타나는
환갑 전후 그녀는 고양이 엄마란다
이리 와, 그 한마디에
득달같이 달려든다

하양이, 까만이, 황금이 불러 모아
몫몫이 사료와 물주며 온기로 울을 치고
잘 잤니, 귓속말 전하며
볼 부비는 몸짓 보라

가족으로 향하는 애정의 연장인지
가족과 단절된 후 눈빛 건넨 대상인지
엄마야, 진정성 열어줘
애니멀 호더 아니지?


* 애니멀 호더Animal Hoarder : 마치 물건을 수집하듯 많은 동물을 키우는 것에만 집착하면서 정작 제대로 돌보지 않고 방치하는 사람

# 분재에게

그래, 네 눈높이 그쯤까지 쑥쑥 자라

해종일 곁을 지키며 춤추고 노래할게

늦가을 선 채로 물들어
붉은 손 잡아줄게

## 4부

모서리가
둥글 때까지

## 좌담

한 세대 거친 기류에 맥놀이 치는 사람들

불통인지 불편인지, 좌담인지 잡담인지

모호한 수인사뿐이다, 수용인 듯 인용인 듯

# 주유중이다

옳다옳다 싶으면서 무언가 옳지 않은
맞다맞다 하면서도 어딘가 석연찮은

반생을 살아온 당신,
주유할 게 많은 눈빛

들어서 좋은 말과 흘려버려야 옳은 말
속도계 오를수록 마음은 바닥을 쳤다

휘발성 희망과 절망 사이
노즐이 불편하다

# 묵이 되라

꼰대도 다 버리고 좃대도 발로 찼다

찢는 대로 자르는 대로 쏠리고 기울다가

예저기 기웃거리던 눈빛마저 지웠다

묽어지거나 흐려지거나 저를 녹여 저를 만드는,

건더기도 알갱이도 채에 거르듯 치대면서

쫀득한 묵의 이미지, 그 맛이면 좋겠다

# 신경망, 잃다

임플란트 늘어날수록 나는 망가져간다

자근자근 씹는 동안 잇몸은 좌불안석이고

입안에 의치만 가득, 신경망을 잃었다

사람과 사람 사이, 물건과 물건 사이

현미경처럼 읽어내며 뽑고 채우는 일

또 다시 고장 날 인생, 일상이듯 허상이듯

# 나사못

나사 빠진 세상 흔적, 도처에 가득하다
어디든 튀어나가려고
누구든 쥐어박으려고
대가리, 용을 쓸수록 본질과 이별이다

몸체 휘어진다, 허투루 나대지 마라
벽과 벽 사이, 문과 문 사이
외람히 솟은 생각들 촘촘히 감아줄 것

늑골과 여줄가리는 애초부터 부정합이었나
소통의 틈을 찾아 혈혈단신 박는 일
나사못 언저리마다 언약의 말, 홀친다

# 신호등

너를 기다리는 동안 신호는 또 바뀌었다

30초 간격으로 깜빡이다 이내 바뀌는

건너편 낯선 사람 속에 내 그리움 찾듯

한때의 붉은 신호등이 푸른 신호등 되기까지

마네킹처럼 오도카니 서서 신화를 꿈꾼 날들

가을볕 꼬부라진 오후, 너는 오지 않았다

# 늦은 면접

도전인지 집착인지 구인광고 일정 따라
애써 태연한 척 얼토당토않은 면접 보았다
내 안의 쌍여닫이문 밀고 들어온 낯선 방

사람을 뽑는 일이 호락호락하지 않으리
퍼즐 속 그림 찾듯 옥석을 가리는 일
두 눈빛 주고받는 동안 송두리째 읽힌 내력

사소한 경험들을 이 잡듯이 묻는 면접관
애면글면 궁색하게 답변하는 응시자 사이
버거운 나이테 붙안고 기도의 시간 보낸다

# 꿈꿔라

몸 따로 마음 따로
그런 사랑 하지 마라

오로지 당신 향해 꽃피울 수 있다면

팔월의 능소화처럼
몸으로 웃어보라

사랑인지 집착인지
그대 따지지 마라

기꺼이 당신과 함께 등불 켤 수 있다면

돌담길 에돌아가며
연리지를 꿈꿔라

# 시험감독

학부모 감독이란 때로는 부질없는 것
냉정과 감정 사이 참으로 뜬금없는 일
뒤통수 한쪽에 꽂히는 불신의 시선 같다

숫자로 매겨지는 이 시대 아들딸들아
감독이 때로는 감시의 눈빛이란 걸
오래전 알고도 모른 척, 시험치고 있구나

모서리가 닳아지고, 넓이가 줄어들고
피라미드처럼 치솟는 경쟁의 푸른 사다리
개성을 토막토막 잘라 모형 탑을 쌓는구나

# 알레르기


무언가 스멀대는 순간, 이미 내가 아니다

형체도 없이 다가와서
더부살이하는 그것,

사랑은
부지불식간에
지난 듯 아니 온 듯

# 돌미역 한 다발

바다를 돌돌 말아 물살을 휘휘 감아
드맑게, 간간하게 제 몸을 사려가며
한세상 결과 흐름을
가지런히 엮어낸다

흐물대는 일은 없다, 풀어져도 올이 곧은
미역귀에 꾸덕꾸덕 진국처럼 새겨놓은
칼칼한 갯돌소리까지
파르라니 말라간다

곰솔 숲 솔바람에 쫑긋, 귀 기울이며
한사리 물때 맞춰 미역국 끓이는 여자
뭉근히 우려내거라
그 바다 한줄기를

# 매미

그 여름, 통곡도 그리 길지 못했다

외진 가지에서 목청껏 불러대는

긴 장마 쓸어안고 갈,
다함없는 붉은 열기

먼 그리움의 웅덩이는 마른 지 퍽 오래다

너를 잊고 산 날들이 꾸덕꾸덕 겉말라

늦도록 곡절 이은 사연,
철없다가 철들다가

# 훌라후프

허릿심 단단히 조여 줄
무형의 지렛대 같은,

모나고 틀어진 일상을
싱글벙글 웃게 하는,

네 생각 도돌이표로
팽팽히 잇게 하는,

# 빚과 빛

빚 갚으며 살거나 빛 받으며 살거나

떨리는 대상 앞에 언제나 주눅 드는

빚과 빛, 무수기 같은 팽팽한 긴장 있다

갚는다는 건 만무방처럼 무딘 벽과 소통이고

받는다는 건 또 다른 의혹을 낳을 것 같은

너와 나 공존과 공생, 촛불 언제 밝을까

# 선풍기 혹은 헤어드라이기

비에 젖은 것들, 바람에 헝클어진 것들

땀에 스민 것들, 열기에 덴 것들

말릴 게 참 많은 세상,
모서리가 둥글 때까지

# 5부

## 시는 즐겁고 삶은 낙낙했다

# 가을 인연

부드러운 표정과 소소한 언어가 마주한 순간, 시는 즐겁고 삶은 낙낙했다

나무와 바람 앞에 울고 웃으며 어딘가로 쏠리고 싶은 지천명 언저리

툭, 하고 가을 부스러기가 너를 끌고 내게로 왔다

# 아귀찜

 입을 벌려 모든 걸 토해 봐, 오래 끊어진 소식, 말없이 떠난 사람, 잊혀진 계절에 대한 악취 같은…,

 잡것들! 다시 먹는 거야, 게걸스레 씹는 거야, 텅 빈 폐부를 채울 먹을거리, 30년 가까이 매립했던 고엽제, 마늘밭의 돈다발, 대학의 적립금까지 우적우적 씹어 되새김할 수 있다면, 걸쭉한 불순물을 탱탱 걸러 낼 수 있다면

 아가리 쩍 벌리고 죽은 아귀의 붉은 외침,

# 벼락

벼락에 놀란 사람들, 벼락에 마음 졸인 사람들,

샤워기 오작동으로 뜬금없는 **물벼락**, 네거리에 휘휘 흩뿌린 어처구니없는 **돈벼락**, 눈치코치 없이 덕지덕지 붙인 **담벼락** 광고들, 느닷없이 외출했다 사고당한 **날벼락**, 한강을 훠이훠이 나는 새들의 기찬 **똥벼락**

얼결에 맺고 푸는 저 요지경, 노심초사 좌불안석

# 황금적금

한시적으로 개설하는 황금적금 있다기에

알토란같은 은행잎과 은행알은 허겁지겁 국민은행에 들어선다, 최고의 이율을 자랑하는 전광판, 가을이 깊을수록 인기가 많다는 홍보지, 낙엽이 수북할수록 품이 넉넉해지는 잔고殘高, 고객을 위한 맞춤상품 기대하며 대기번호 뽑고 기다릴 때,

톡톡톡, 은행알 먼저 굴러가 "저기요, 담보대출 되나요?"

# 무죄

유년은 앙징맞고 오늘은 예쁘다고
그 광고 보기 전엔 구김살이 없었어요
타고난 저마다의 얼굴, 자신만만 더 했을

뜻 없이 태어났지만 성형은 필수래요
 원하는 이상형으로 당신을 바꿔드려요 여자는 엄마가 한번, 의사가 또 한번 낳는대요 상담을 받아보세요 경비도 깎아드려요 양악수술 가슴확대수술 박피시술 필러시술 보톡스 주사 맞으면 한 인물 된다네요 가면이 판치는 세상 성형은 무죄래요 벗기고 덧씌우고 깎고 나서 입히는 허울
 실시간 광고문자에 당신은 또 솔깃하죠?

# 택배요

"택뱁니다, ○○아파트죠?, 10분 후에 도착합니다"

전화나 문자보다, 편지나 메일보다 너를 반겨주는 택배! 대표 명절이면 널뛰듯 배달되는, 인사차 드리는 꽁꽁 싸맨, 학연지연의 골을 더욱 단단히 묶어주는, 득이 될지 독이 될지 서로의 기대를 저울질하는, 수신인도 발신인도 묵언의 약속으로 주고받는, 너를 가장 긴장시키는…,

택배요, 사람보다 더 반가운 택배왔어요, 택배요!

# 쑥떡쑥떡

삶았다 으깨었다 쫀득쫀득 찧었다

콩고물에 말랑말랑 묻혀 숭덩숭덩 써는 그녀, 오래된 손맛입맛 고소하게 묻혀 내어 입속에 불쑥 넣으며 방앗간 지킴이 엄마 자랑이다. 된장고추장쌈장간장에 깨소금참기름고춧가루까지 결혼한 이래로 친정에서 갖다먹는 고명딸, 제 살 궁리로 친정 곳간 아랑곳하지 않고 아귀아귀 축내는 쉰 지난 저 철딱서니,

어머니 그렁한 눈빛은 쑥물 든 지 오래다

# 무한리필

무한리필 앞에 오락가락 뒤죽박죽 하는 사람들,

접시와 접시 사이, 술병과 술병 사이 게걸스럽게 우겨먹거나 배터지도록 마셔대다 정신줄 놓고서야 후회하는, 맘대로 퍼붓거나 엇나가게 들이붓는 기침소리에 상처받고 가슴 치고야 후회하는, 너를 향한 저돌적인 발언과 몸부림이 끝내 스러져야 후회하는, 건배와 축배가 끈적끈적하거나 뜨악해서야 오매불망 후회하는,

당신의 무한리필은 막무가내 혹은 더부살이

# 카드세상

그대 삶을 책임지는 빼곡한 카드들 보라

대중교통을 이용할 때 쓰는 교통카드, 물건을 사고 내미는 신용카드, 직장에 드나드는 신분카드, 지문카드, 서류를 빼곡하게 저장해둔 그래픽 카드, 심판의 레드카드와 옐로카드, 게임의 플레잉카드, 적립카드, 메모리카드, OMR 카드…, 카드 없이 아무 것도 할 수 없는 세상에 그대, 어떠신지?

카드로 여닫는 세상, 카드로 읽는 세상

# 둔갑

 메치고 돌려 치고 엎어 치는 수작과 속임수 정당화시키려는 무지막지한 저 둔갑들!

 수입산이 국산으로 바뀌거나 갑질하는 자들의 일거수일투족이 이슈가 되거나, 표절과 명작 사이 혼돈의 도가니 끊이지 않고, 성별을 넘나드는 남장여장의 아찔한 사랑타령, '때로 또 같이'를 추구하는 혼밥족, 딩크족 또는 미혼맘, 버젓이 부모행세 가장행세 직원행세하며 갑론을박하는 버러지 인간과 그 너머…,

 둔갑에 칠갑을 더하는 세상, 내남없이 버겁다

# 패션 청춘

오늘을 표현하고 내일을 펼쳐내는

각양각색 얼굴들이 홍대광장에 쏘다닌다 더러는 민망하고 한편으로 용감한 도심은 흑백 논리가 뒤죽박죽 섞여 산다. 하의실종 배꼽티, 숏과 롱 패션시대에 가리는 것이 예의인지 드러내는 것이 일상인지 어디다 눈길 둘 데 없는 꼴불견도 일상이듯 칠락팔락 활보하는 저 청춘 청춘들!

활기찬 파열음이여, 록rock이여, 랩rap이여

# 뭐라 저장해?

휴대폰 만지작거린다, 전화번호 살핀다

남편 전화번호를 뭐라 저장하냐며 농담하는 친구 앞에 머쓱해진 또 다른 친구들…, 옥신각신, 왈가왈부하더니 동시에 휴대폰 쑥 내민다 －*우리집 서방, 남편, 내사랑, 자기야, 대빵, 신랑, OO아빠, 기둥서방, 번호없음, 원수, 첫사랑*－에 이르기까지 기고만장, 시끌벅적, 우격다짐하더니,

그 웬수, 뭐할라꼬 저장해? 잊을라 해도 맴맴 돌고 시도 때도 없이 전화하는 저·저·저 주변머리 없는…,

# 질문해도 됩니까?

 궁금증은 쌓여가고 의문은 풀리지 않는, 시대의 소용돌이 아래 토막질문 던져볼까, 100세보험 들까말까, 로또복권 살까말까, 담보대출 할까말까, 차명계좌 틀까말까, 대포폰 열까말까, 갈팡질팡 오락가락 쥐락펴락 알쏭달쏭…,

 명퇴신청 할까말까, 시국선언 할까말까, 선거출마 할까말까, 촛불집회 할까말까, 절필선언 할까말까, 일인시위 할까말까, 엎치락뒤치락, 뒤죽박죽, 싱숭생숭, 꼬물꼬물…,

 쟁여둔 사소한 질문, 누구에게 할까요?

# 느린 안부, 더딘 사랑


다 못한 마음 있거든 느린우체통\*에 넣어라

종각 근처에서 한 다짐, 딱지처럼 꼬깃꼬깃 접어두고 북악스카이웨이 팔각정에서 보낸 고백, 마음으로 읽어라. 경포대 달빛포옹, 모래톱 따라 반짝반짝 닦고 하이원 1340 우체통 향한 낭만, 겹겹이 쌓아두라. 초량동 산복도로 유치환처럼 넣은 연서, 통영앞바다를 향해 읽을 것이며, 이상화 고택에서 부치는 엽서, 청라언덕에 새겨보라. 경주 주상절리 파도 위에 띄우는 마음의 노래, 청산도 슬로시티를 따라 봄바람 타고 오는 당신의 말씀, 켜켜이 새겨둘 것이며 간절곶 소망우체통에 넣은 기도, 무주 머루와인동굴에 물든 너의 소망, 총총총 등불 밝혀라

출렁댄 당신의 늑골사랑, 달집처럼 태워라


\* 느린우체통은 기다림의 의미를 일깨워 주기 위해 지방자치단체와 공공기관에서 추억을 기념할 장소에 설치한 우체통으로 6개월이나 1년 뒤에 배달해 준다.

# 말해줄래

내 곁에 슬쩍 와서 달래주고 손잡아주고 일으켜주는 봄! 바람처럼 꽃비처럼 사부작거리며 꽃과 나무, 향기 엮고 바라보는,

체증처럼 복잡한 일들 툴툴 털고 말리며 마음의 살은 찌우고 몸의 살은 가볍게 꾸리며 어금니 지그시 물고 살라 하는,

미더운 단짝 같은 봄아, 머잖아 그리운 사람 온다니?

해설

# 허기질지언정 퇴락하지 않는

이병국(시인, 문학평론가)

## 제약과 재현의 실천

에둘러 가야겠다. 몇 해 전, 장욱진 화백의 10주기 추모 전시에 다녀온 적이 있다. 그의 작품을 보면, 소박한 가운데 묻어나는 삶의 갈피들을 발견하게 된다. 그 삶은 전형적인 시골 마을에서의 체험에 기반을 두고 재현된 한 시대의 보편적 삶이라서 향토적, 전통적 정서를 환기하는 면이 강하다. 이를 간결하게 표현한 그의 작품들은 그러한 가치관을 일정 부분 담보한 채로 우리에게 울림을 준다. 머리 위에 집을 올려놓은 가로수들, 그 아래를 한 가족이 걸어가는 순간을 포착한 〈가로수〉(1978)라든지, 상자 같은 집 안에 꽉 들어찬 모습의 가족을 묘사한 〈가족〉(1978)이라든지, 나무 위에 앉은 까치를 바라보고 있는 여인과 아이의 모습이 담긴 일련의 작품들이라든지, 어딘지 익숙한 정서적 풍경을 재현함으로써 따뜻함을

느끼게 한다. 재현된 내용을 떠나 형태적인 층위를 고려하여 살펴보면 흥미로운 지점을 느낄 수 있는데, 소품처럼 보이는 작은 크기의 작품들이 주는 일견 소박하면서 정갈해 보이는 아우라가 그것이다. 어쩌면 현대미술이 보여준 규모의 숭고에서 벗어나기 위해 스스로를 제한하고 있는 것은 아닐까 하는 생각마저 든다. 외부로 하염없이 뻗어나가려는 상상력을 일정한 틀 안에 구획 짓고, 고도의 계획 아래 단순화하여 단조롭지 않게 표현하는 그의 작품 세계를 보며 현대시조의 방향성을 읽는 것도 부자연스럽진 않을 것이다.

　시조는 흔히 3장 6구 45자 내외의 한국 전통 정형시로 알려져 있다. 이는 국정교과서로 진행된 암기식 교육의 폐해이겠지만, 각 장별 의미구조를 취하여 하나의 완결된 의미를 구현해 내는 방식의 시라고 일별할 수 있겠다. 형식적 제약을 전제하고 발화되는 문학 장르인 셈이다. 전통의 계승이라는 층위에서 수행된 제약은 전통성과 현대성의 경계 위에서 자유시적인 형태로 변화를 추구하였으나 '시조'라는 특정 국면의 상황 속에서 수행된 변화는 일종의 파격으로 간주되긴 해도 불가피하게 회귀 될 수밖에 없는 운명이다. 그런 점에서 시조의 형식, 형태보다는 내용에 좀 더 주목하게 된다. 스스로를 전통적 양식 속에 구획 지어 제약함으로써 얻어지는 미감이란 결국 그 틀을 단조롭지 않게 하는 시인의 세계 인식과 재현에의 실천에 달려 있다고 할 수 있다.

박희정 시인의 세 번째 시조집 『하얀 두절』에 대해 말하기 위해 에둘러 온 자리는 '시조'라는 형식적 제약 속에 갈무리된 시인의 내적 공간이다. 일찍이 "뭉근히 달아오르는 일생의 짧은 한 끼"를 "온전한 하루치 양식으로 채"(「수프 한 그릇」, 『길은 다시 반전이다』)우려 했던 시인은 "준비도 없이 처절하게 옭매였"던 자신의 생生을 "잔뼈로 씹히는 나날"(「죽방멸치」, 『들꽃사전』)을 경유하여 "허기진 못"(「그리운 후생後生」)으로 감각한다. 그것은 '시인의 말'에서처럼 "굴절과 곡절을 겪으며 가지런히 또는 소용돌이"친 생을 관통하여 온 저 물리적인 삶의 총량이 지닌 무게감을 가벼이 여길 수 없는 이유이기도 하다. 허기질지언정 퇴락하지 않는 삶은 필연적으로 세계와 연결되어 지금 여기의 삶을 환유하는 장소로 자리매김한다.

## 사건을 수행하는 주체라는 장소

에드워드 렐프를 빌려 말하자면, 장소란 자연물과 인공물, 활동과 기능, 그리고 의도적으로 부여된 의미가 종합된 총체적인 실체이다. 이때의 장소는 지리학적인 위치를 점유하는 실체이면서 실존적인 내부성을 통해 경험되는 정체성에 기반을 둔다. 이를 경험의 총체로써 주체로 확장해 사유할 수 있는

데, 이때 개별적이고 상호 주관적인 경험을 가능하게 하는 주체의 몸을 장소의 본질로 볼 수 있다. 물리적인 의미에서 주체의 몸이란 장소는 개념화된 공간에서 구체적 실체로 감각되고 점유함으로써 의미를 확보한 공간인 셈이다. 그 경험의 양태는 사건에 의해 촉발되며 그것은 주체의 몸을 전유하지 않을 수 없기 때문에 사건을 수행하는 주체의 물리적 맥락을 장소로 접근할 수 있게 된다.

박희정 시인의 화자는 일종의 장소로 규정될 수 있다. 장소로서의 주체가 세계와 관계 맺는 방식은 상호 주관적이며 관계 지향적이다. 시집을 여는 시 「바늘」을 읽어보자.

> 당신과 또 다른 당신을 꽁꽁 기워가는
>
> 세상의 허튼소리 감침질로 꿰매가는
>
> 첫 단추 여며줄 실오리, 팽팽한 긴장감 같은
> ─ 「바늘」 전문

시의 주체는 '당신'으로 재현된다. '당신'은 "또 다른 당신"을 깁고 "세상의 허튼소리"를 꿰맨다. 망가지거나 잘못된 것을 봉합하려는 당신의 행위는 부정적 상황을 개선하려는 의지로 충만하며, 내적인 것에서 외적인 상황으로 확장되어 긴장감을 형성한다. 초장의 "당신과 또 다른 당신"에서 출발하여 중장의 "세상"으로 '바늘'은 이동한다. 이때의 행위 주체는 '당신'이지만, '당신'은 2인칭 대명사라기보다는 '나'를 포함한 3인칭 복수 대명사로 읽힌다. 그런 점에서 '당신'의 행위는 사적인 층위에서 공적인 층위로 확장되어 세계와의 관계 맺기를 시도하는 지향성을 띤다고 볼 수 있다.

그러나 당신과 또 다른 당신을 잇는 과정이 쉽지 않으리라는 것을 우리는 안다. "첫 단추"를 잘 꿰어야 이후를 모색할 수 있을 텐데, 그것만큼 어려운 일도 드물다. 성공과 실패의 긴장감이 형성되는데 이는 애초부터 실패를 향한 노력인지도 모른다. 생은 주체의 의지만으로 구성되는 것이 아니라 주체를 둘러싼 세계의 관계 속에서 구축되는 것이기 때문이다. 바늘을 든 주체가 아무리 위풍당당해 보여도 "뉘를 골라내듯 앙금을 풀어놓듯"(「그리운 후생後生」) 자신을 내어놓아야 '허기진 몫'을 겨우 감당할 수 있는 것이 생이 아닐까. 이는 「금일봉」이 재현하는 관계로 확인할 수 있다.

> 정해놓은 건수 앞에 최대한 예의를 갖춘
> 환한 웃음 너머 흐린 단서 될 수 있는
> 고삐를 슬쩍 건네며
> 서로를 엮기도 하는

함부로 뜯지 말 것, 액수도 묻지 말 것
받은 만큼 받는 부담, 준만큼 안도의 힘
탁자에 올려진 저것!
알파와 오메가다

- 「금일봉」 전문

　사회적 관계로 엮인 '당신과 또 다른 당신'은 '금일봉'의 형식처럼 서로를 옭아맨다. 그것이 '우리'라는 "알파와 오메가"라는 말인데 이는 "최대한 예의를 갖"춰 서로를 염탐하는 양상으로 나타난다. "첫 단추를 여며줄 실오리"는 이렇게 가식적인 형태로 긴장을 형성하며 텅 빈 기표가 된다. 박희정 시인이 인식하는 세계는 텅 빈 기표에 의한 부정의한 방법들로 타인을 향해 채워진다. 입맛을 쓰게 하는 이러한 타인을 향한 관계지향적 주체의 행위는 상실감을 경험하기도 한다.

　"너를 향한 꿈"은 언제나 "중심과 주변머리/ 서리서리 얽어매듯" "버거운 시간"(「서리서리 읽다」)을 견디게 하는 다층적인 질감을 이끌어낸다. 그러나 세계를 향한 시인의 의지와 장소로서의 몸이 현실적으로 감각하는 괴리는 스스로를 "잔챙이 가지"(「가을 감각」)로 주변화시킨다. "시신경 바투 세우고 골몰하는"(「가을 감각」) 시적 주체를 '있게' 하는 힘은 쓰고자 하는 열망이자 생의 변곡점에서 주변부로 낙하하지 않으려는 의지의 발로인 셈이다. 이는 어쩌면 여전히 발화되는 시조의 양태를 상징적으로 보여주는 것처럼도 보인다. "원시림, 꼿꼿한 결 따라 휘갈기며"(「당신을 쓰고 싶다」) 써나가는 시적 열망이 생의 결말을 지연시키고 세계와의 관계 맺기를 어떤 방식으로든 가능하게 하는 것이겠지만 말이다.

## 부재의 흔적과 허기진 몫

세계와의 관계 맺기는 박희정 시인이 세계를 사유하는 방식에 기인한다. 시인이 인식하고 사유하는 세계는 부조리한 상황에 놓여 있다. 이는 신자유주의 시대의 자본주의를 내면화한 존재들의 양상을 고발하는 시편들을 통해 엿볼 수 있는데 이번 시집의 대다수가 이러한 맥락을 공유하고 있다. 특히 5부의 시편들이 지금 이곳의 세태를 풍자하고 고발하고 있다는 것을 우리는 쉽게 알 수 있다. 사설시조가 갖는 해학과 풍자, 의뭉스럽게 눙치는 태도가 빛을 발하지만, 형식적 제약으로 말미암아 완결된 구조를 취해야 했기 때문에 오히려 그것이 시를 불완전하게 종결시키는 강제로 작용한 것 같아 아쉬운 부분도 없지 않다. 그러나 이는 스스로를 제한함으로써 언어를 정제하고 언어적 공간을 실천의 장소로 구축하고자 하는 일련의 시도이며 그로부터 자신을 돌파하여 역설적으로

고착된 것으로부터 탈주하려는 행위를 수행하는 것이라고도 볼 수 있다. 그러므로 "탁한 공기 맑게 해주는 순정한 너"(「꽃댕강나무」)에 대한 시를 읽어보자.

> 나사 빠진 세상 흔적, 도처에 가득하다
> 어디든 튀어나가려고
> 누구든 쥐어박으려고
> 대가리, 용을 쓸수록 본질과 이별이다
>
> 몸체 휘어진다, 허투루 나대지 마라
> 벽과 벽 사이, 문과 문 사이
> 외람히 솟은 생각들 촘촘히 감아줄 것
>
> 늑골과 여줄가리는 애초부터 부정합이었나
> 소통의 틈을 찾아 혈혈단신 박는 일
> 나사못 언저리마다 언약의 말, 훔친다
>         - 「나사못」 전문

사이에 놓여 양쪽을 단단하게 고정하는 '나사못'은 앞에서 읽었던 「바늘」의 '바늘'과 일견 동일한 맥락에 놓여 있는 것처럼 보인다. 그러나 수행의 층위에서 구성된 본질은 동일할지 언정 각각의 것이 지향하는 지점은 반대로 읽힌다. 바늘이 깁는 행위로 자신의 쓸모를 다 하면 감춰지는 반면 나사못은

항상 그 자리에 박혀 있어야 하기 때문이다. 의식되지 않은 채 존재하는 나사못은 부재함으로써 존재를 드러낸다. 부재의 '흔적'은 불완전하여 완전한 세계를 은유하는 셈이랄까. 주체는 자신을 끊임없이 타자화하는 세계와 "애초부터 부정합"으로 관계 맺는 방식으로만 "언약의 말"을 훔칠 수 있다. 이런 상황 속에서 "용을 쓸수록 본질과 이별"하는 '대가리'는 "허투루 나대지 마라"는 금기를 금과옥조로 받들어야만 비로소 세계 속에서 주체가 될 수 있는 것이다. 세계라는 개념적 공간에서 찾아야 하는 "소통의 틈"은 주체라는 장소를 구축하는 '나사못'이 된다. 그러나 '틈'이 지닌 균열의 양상은 세계와의 접합을 임의로밖에 수행할 수 없도록 만든다.

아무리 "저를 녹여 저를 만드는"(「묵이 되라」) 행위에 삶의 지향을 둔다 하여도 그것은 어디까지나 이상적 낭만에 머물 뿐이라서 도달하기 어려운 지점이다. 어쩌면 허상인 듯한 일상을 녹여 겨우 도달할 수 있는 지점이라 말할 수 있겠으나 그것 역시 아득한 높이로 주체를 잠식할 위험이 농후하다. "휘발성 희망과 절망 사이"(「주유중이다」)에 불편한 상태로 박혀 옳고 그름에 대해 석연찮은 회의를 지속해야 하는 나사못의 자리로 전락할 수 있는 것이다. 이 상황을 타개하기 위해 주체는 자신의 목소리를 내야 한다.

유효기간, 사용기간 까마득히 지워졌던

무덤까지 못 가져가는 날벼락의 비밀들

드디어 터지고 말았다, 행간이 뒤범벅이다

외면과 무관심 속에 끈벌레처럼 나타나는

삐걱대던 철제빔도, 출렁대던 사다리도

와르르 무너지고야 손 놓았다, 아뿔싸 저런,

언제부터 속마음 그리 꽁꽁 싸맸니?

이제라도 응어리를 너풀너풀 풀었니?

미투요, 시민청마다 활짝 웃는 벚꽃천사
- 「벚꽃천사」 전문

  지난 몇 년간 한국 사회는 해시태그 운동 등 위계와 젠더 권력에 의해 벌어지는 구조적인 폭력에 대해 고발하는 움직임이 활발했다. 그 와중에 문학은 무엇을 할 수 있고, 해야 하는지에 대한 논의가 정체성 정치의 문제와 결부되어 쟁점화되었다. 여기에서 일련의 과정을 복기할 이유는 없겠다.

중요한 것은 은폐된 폭력 속에서 웅크리고, 움츠려 있던 존재가 목소리를 내기 시작했다는 것이다.

박희정 시인에게도 "유효기간, 사용기간 까마득히 지워졌던/ 무덤까지 못 가져가는 날벼락의 비밀들"이 폭로되는 이러한 상황은 유의미한 움직임으로 감각되었을 것이다. 그러나 시인에게 억압받은 존재의 외침은 마냥 긍정적으로 느껴지지는 않았던 것처럼 보인다. 어쩌면 시인은 벚꽃이 만개하듯 드러나는 외침 속에서도 그것이 곧 지고 말 위태로움을 내포하고 있음을 냉정하게 자각하고 있었던 것은 아니었을까. 강렬한 외침일수록 그에 대한 반발 역시 무시할 수 없다는 명징한 징후였음을 말이다.

그런 이유로 나사못의 흔적을 감각하듯 시인은 억압된 존재의 외침이 가져올 이후를 불안하게 예감한다. "이제라도 응어리를 너풀너풀 풀었니?"란 질문에는 그것이 행여 "언감생심 헛물켜"는 "기구하고 못난 팔자"로 "무참히 초주검 당할"(「복날」) 복날의 개와 같은 상황을 야기하는 것은 아닐까 하는 불안이 엿보인다. 온갖 층위에서 타자를 억압함으로써 억압된 목소리들로 하여금 "아득한 두절"을 감당하게 하는 세계의 "처절한 비보"(「하얀 두절」)가 지속되지 않기를 시인은 소망할 수밖에 없었을 것이다. 그럼에도 "불통은 감옥이고 관습이 구속이었던/ 종횡의 이력과 경력"(「부질없는,」)을 들추며 주체를 둘러싼 세계를 인식하고 돌파하려는 행위를 기록하고자

하는 시인의 행위는 의미가 있다. "비등점 그 아래서 응고된 비련의 넋"(「소리, 끓다」)을 위무하는 것이야말로 시인의 '허기진 몫'일 테니까 말이다.

## 미뢰味蕾에 남은 짭짤한 결기

결핍은 부조리한 세계로부터 비롯되지만, 이를 봉합할 수 없다는 무력감을 실감했을 때 "수직의 낙차"(「찬란한 절벽」)로 다가온다. "수직으로 쏟아지는" "거침없는 열정"(「소낙비」)은 소나기처럼 찰나의 사건이었을까. 시인은 자신의 이력을 돌아봄으로써 '짭짤한 행간'을 읽는다.

변산에서 보았다, 격렬했던 청춘 무렵

그대, 읽지 못한 날이 거북등처럼 거칠어져

격포항 언저리마다 골이 패이고 물이 고이고

그 흔적 짚어 읽다 고꾸라지고 싶었다

바래고 찢긴 기억 조개무지로 쌓아놓고

스스로 닿고 싶은 곳, 노을 닮아 은은한 곳

거룩한 고서처럼, 잘 부푼 식빵처럼

절벽을 타고 내리는 유장한 빗물처럼

내 생애 붉은 결기여, 또 다시 청춘이여
- 「붉은 결기」 전문

  청춘. 그것은 가능성의 공간을 경유하여 의미의 시간을 엮어 만든 장소이다. 시인은 "자신에게 야속하고 상대에게 미안했을/ 팍팍한 일상"(「전신마사지」)을 거쳐 지천명에 이르러 '붉은 결기'를 지녔던 한때를 회고한다. 이미 겪어 잘 알고 있지만, "스스로 닿고 싶은 곳"으로 존재하는 "거룩한 고서"는 되돌릴 수 없는 "빗물"처럼 시간의 결을 타고 주체를 현재에 자리 잡게 한다. 익숙하지만 낯선 장소로써 주체가 겪어온 날들이 "읽지 못한 날"로 남아 허기를 불러일으킨다. 이는 쉽게 자신을 긍정하지 않음으로써 화해를 지연시켜 자신을 조금 더 밀고 나아가려는 의지에 가깝다. 짤짤한 행간에서 퍼져 나오는 생이란 한때의 순간적 감응이 아니라 미뢰味蕾에 남아 흔적으로 감각되는 영속에 있다.

  "반전의 절정을 향해 까발리는 몸짓들"을 바라보며 "이 시대 응근 실루엣"을 "올올이 푸는"(「대학로는 뜨겁다」) 시인은 한때의 '붉은 결기'로 충만했던 '나'를 지천명의 높이에서 미끄러뜨리고만 있는 것이 아니다. 무딘 관계, 무딘 감각을 처절하게 짚어 읽어냄으로써 생의 기록을 충실히 채우며 이를 전유하여 시인은 황폐한 시대를 돌파해나가는 겸손한 원동력으로 삼는다. 그것은 이전과는 다른 장소에서 세계를 사유하는 시인의 방식이라고 말할 수 있겠다. 돌미역 한 다발에서 바다를 바라보는 시인이라면 능히 취할 수 있는 삶의 태도인 셈이다.

> 흐물대는 일은 없다, 풀어져도 올이 곧은
> 미역귀에 꾸덕꾸덕 진국처럼 새겨놓은
> 칼칼한 갯돌소리까지
> 파르라니 말라간다
>                         - 「돌미역 한 다발」 부분

청춘의 한때는 붉은 결기로 충만하지만, 그것만으로 삶과 사유를 확장할 수 없다. 스스로를 위축시키지 않기 위해 발화된 "흐물대는 일은 없다"는 호기로운 진술은 "칼칼한 갯돌소리까지" 말려낸 이후에야 진정성을 획득한다. 농축된 시간을 통해 우러나는 바다야말로 환원 불가능한 삶이라며 방어적인 태도와 핑계로 삶을 소진시키는 절망으로부터 우리를 구원할 시적 사유인 셈이다. 그런 점에서 시인이 감각하는 현재의 청

춘이란 오히려 붉은 결기를 상실한 "오차범위 밖"(「신사역 근처」)의 삶처럼 보인다. 그것은 성형외과에서 몸을 바꾸어도 '금수저, 흙수저'로 구분되어 소외될 수밖에 없는 사회적 관계를 내면화한 채, "반려返戾될 먼 그날까지 눈치코치"(「반려동물과 산다」) 보며 살아가야 하는 존재로 기입된다. 이로써 광고지면 한 컷 같은 자본주의적 존재로 전락하지 않기 위해 아등바등 살아가는 청춘의 현실은 처절하리만큼 냉정한 시인의 시선을 통해 고발되는 셈이다.

세계는 제멋대로 '나'를 소외시키고 무엇 하나 '나'의 마음대로 이루어지도록 허용하지 않는다. 그나마 "켜켜이 살아온 날들"(「주말부부」)에 부딪혀 마모된 그림자가 갈등이나 좌절이 되지 않는 건 "당초부터 밑그림이 없"던 "세상살이"(「춤추는 포물선」)를 거쳐 온 존재가 지탱한 시간이 있었기 때문이다. 그 시간의 결이 "빈 마음 둥글게 말아 자근자근 만"(「전신마사지」)져 "쉽사리 지워지지 않는 그늘의 늪"이기도 한 "지천명 고갯길"(「높이」)을 개념적 공간이 아닌 구체적 의미맥락을 지닌 장소로 주체를 이끌어 낸다.

## 허기질지언정 퇴락하지 않는 삶

　박희정 시인의 시편들이 녹록지 않은 점은 응축된 삶의 시간이 생성한 사유로부터 출발하기 때문이다. 그와 같은 깨달음은 삶의 편린들에서, 그리고 그것을 감각하는 일상적 순간의 포착에서 눅진하게 배어난다. 이는 어쩌면 시조가 오랜 시간을 거치는 동안 지켜 온 미학적 형식을 엄정히 지키는 한편 동시대의 문제를 담아내려는 시인의 염결廉潔한 태도에서 비롯된 것인지도 모르겠다. 시조의 미학적 특질을 계승하면서 전통에 함몰되지 않는 것은 쉬운 일이 아니다. 파격적인 시행의 배열은 과거를 소거한 채 현대적 감각만 피상적으로 소비할 위험이 다분하다. 그런 점에서 박희정 시인의 시는 위태로운 시도를 경계하고 무모한 모험으로부터 초래될 과잉에서 빗겨나 있다. 단순하게 과거를 부정하거나 쉽게 현재를 긍정하지 않음으로써 전통과 현대를 공존시킨다. 생의 순간을 기록하여 경험의 총체로써 시조를, 시를 지금 이곳에 존재하게 한다.

　앞에서 이야기했듯, 박희정 시인의 시적 주체와 시는 상호주관적인 관계로 서로를 경험함으로써 장소화 된다. 다시 말해, 강제된 공간으로써 작동하는 시조의 형식적 제약은 시인이 바라보는 세계에의 인식을 경유하여 경험적 사건을 기록하는 수행 속에서 장소로 기능하는 것이다. 그 속에서 깨닫게

되는 것은 "부드러운 표정과 소소한 언어가 마주한 순간, 시는 즐겁고 삶은 낙낙"(「가을 인연」)하다는 진실일 것이다.

 이를 마냥 긍정할 수만 없는 것은 우리가 발 딛고 있는 세계가 생각보다 공고하여 삶을 똑바로 지탱하는 것조차 쉽게 허용하지 않기 때문이다. 수평이 되지 못한 기울기를 감당해야 하는 몫이 아직 남아 있다.

> 마음의 기울기는 수평이 되지 못했다
>
> 차창으로 쏠리다가 통로 쪽 기웃대다
>
> 눈감고 가늠하는 거리, 아직 어둠 속이다
>
> 간이역, 그 어디쯤에 두고 온 사랑 같은
>
> 생쪽매듭 추억과 무지갯빛 서설瑞雪 같은
>
> 덜커덩 네게로 닿는 오랜 속도여, 무게여
> - 「기차, 기울기」 전문

 기차라는 감각적 세계는 주체로 하여금 수평을 유지할 수 없게 한다. 내려야 할 곳은 기약이 없고 기웃대는 움직임은 어떠한 위안도 주지 않는다. "아직 어둠 속이다". 수평으로

안전하게 자리매김할 수 없는 상황은 주체가 경험하는 모든 것들을 불안으로 침잠토록 한다. 별다른 방법이 없다면, 불안에 잠식된 채 무너지고 말 것이다. 시인은 이 지점에서 어둠 속을 함께 한 시간을 상기함으로써 이를 불안 속으로 무너지는 자신을 일으킬 수 있는 전환의 계기로 삼는다. 기울기는 영원히 수평이 되지 않을 수도 있다. 다만 그 기울기가 시적 주체를, 더 나아가 시를 잠식하지 않도록 하는 것이 중요하다. 이는 시인이 전환시킨 능동적 인식에 달려 있다. 시인은 어둠 속에서도 느낄 수 있는 간이역의 사랑과 추억, 상서로운 눈과 같은 마음으로 기울기의 순간을 정동의 전환으로 읽는다. '오랜 속도와 무게'로 네게 닿으려는 의지가 그것인데, 이로 인해 불안은 부정적인 감정에서 긍정적 기대로 바뀐다.

박희정 시인의 시를 읽고, 정제된 양식으로 스스로를 제한하면서도 거기에 함몰되지 않고 세계를 향해 발화하는 시적 사유를 짐작해 본다. 시간을 뭉근히 졸여내어 시상에 묵히는 시인의 정갈한 시적 태도는 불안과 긴장의 세계 속에서 시적 주체가 "생의 포물선"(「춤추는 포물선」)에서 미끄러지지 않기 위해 요청된 삶을 어떻게 수행하여야 하는지 말하고 있는 것 같다. 시인은 시를 쓰는 행위를 통해 제약이 곧 구속이 아님을 똑바로 바라보게 한다. 시조의 미학이 외연을 확장하는 것은 시의 공간이 다양성을 확보하는 한편으로 오늘날 시의 경향을 확장하는 또 다른 장소로 기능하도록 이끄는 것은 아닐까.

시인의 표현대로 "시는 즐겁고 삶은 낙낙"한 것이다. 이때 '낙낙'이란 '樂樂'도 '落落'도 '-하다'가 붙어 '어떤 기준에 차고도 조금 남음이 있다'는 의미의 형용사로 기능할 수도 있겠다. 무엇이 되었든 즐거우면서도 '지천명 언저리'에 떨어진 '가을 부스러기'가 되지 않도록 차고도 남을 넉넉함으로 삶을 채우기 위해서는 어떤 과정을 경유해야만 한다. 사르트르의 말을 빌려 이야기하자면, 그 과정이란 것은 자기 삶과 역사를 만들어가는 주체로서 그것을 가능하게 하는 앙가주망(engagement), 즉 자기해방과 자기구속을 스스로 선택하고 실천하는 행위에 달려 있다. 그런 점에서 우리가 살아온 삶의 '오랜 속도와 무게'가 수행하는 실천적 행위 과정을 거쳐야만 "시는 즐겁고 삶은 낙낙"하다는 말을 덧붙일 수 있을 것이다. 분명한 점은 무엇이 되었든 시인의 세계 인식이 삶과 그것을 대하는 태도를 섬세하게 감각하는 데 기반을 두고 있다는 점이다.

시인이 걷는 길이 앞으로 어떠한 '굴절과 곡절'로 이어질지 알 수는 없지만 그 길을 따라 '가지런히 또는 소용돌이'치며 울릴 소리에 귀 기울인다면, 허기질지언정 퇴락하지 않는 삶으로 세계를 충만하게 할 수 있지 않을까. 우리가 우리로 존재할 수 있도록 시인이 내민 손을 잡아본다. 그러므로 우리는 두절되지 않을 것이다.

## 박희정

1963년 경북 문경에서 태어나 영남대학교, 고려대학교 인문정보대학원을 졸업했다. 2002년 서울신문 신춘문예 당선으로 문단에 나왔다. 오늘의시조시인상(2010), 중앙시조대상 신인상(2011), 청마문학상 신인상(2012), 고대문우상(2013) 등을 수상했다. 시조집으로『길은 다시 반전이다』,『들꽃사전』, 현대시조100인선『마냥 붉다』, 시 에세이『우리시대 시인을 찾아서』 등이 있다. 《시조미학》 편집장, 《정형시학》 편집위원으로 활동하고 있다.

## 하얀두절

**1판 1쇄 발행** 2020년 9월 15일

**지은이** 박희정
**발행인** 서철종
**발행처** 도서출판 지우북스
**주소** 경기도 파주시 문발로 115 세종출판벤처타운 209호
**전화** 031-915-6670(代)
**팩스** 031-915-6671
**이메일** jwbooks@nate.com
**홈페이지** www.jwbooks.co.kr
**출판등록** 제406-251002017000032호
ISBN 979-11-88673-59-9  03810

정가 10,000원

이 도서의 국립중앙도서관 출판예정도서목록(CIP)은 서지정보유통지원시스템 홈페이지(http://seoji.nl.go.kr)와 국가자료종합목록 구축시스템(http://kolis-net.nl.go.kr)에서 이용하실 수 있습니다. (CIP제어번호 : CIP2020037663)

※ 본 저작물의 무단복제는 저작권법 제136조(권리의 침해죄)에 따라 위반자는 5년 이하의 징역 또는 5천만 원 이하의 벌금에 처하거나 이를 병과할 수 있습니다.